DAS LESEVERGNÜGEN B...

Das altägyptische Souvenir

ELI

P.O. Box 6 - Recanati - Italy
Tel. +39/071/75 07 01 - Fax +39/071/97 78 51
www.elionline.com

Das Geheimnis um das altägyptische Souvenir von: M. Flagan
Illustriert von: A. Belli
Ins Deutsche übersetzt von: Juliane Grützner

Gedruckt in Italien - Tecnostampa - Loreto

ISBN - **88 - 8148 - 445 - 5**

BEVOR DU MIT DEM LESEN BEGINNST...

Claudia ist 14 Jahre alt. Sie möchte eine berühmte Detektivin werden. Sieh dir die Bilder im Buch an und antworte:

1. Die Hauptperson in der Geschichte ist:

☒ Claudia
❑ Claudias Bruder
❑ Claudias Familie

2. Die Geschichte spielt:

❑ in einer Schule
☒ in einer Stadt
❑ in einem Museum

3. Die Geschichte ist:

☒ eine Detektivgeschichte
☒ ein Tagebuch
❑ eine Gespenstergeschichte

18. März
Ein schwieriger Fall

Dieser neue Fall ist wirklich schwierig. Ich decke gerne Geheimnisse auf, aber dieses Mal weiß ich wirklich nicht, was ich machen soll. Meine beste Freundin Hanna kann mir nicht helfen und auch mein Bruder Stefan nicht.
Hanna ist bei ihrer Großmutter und Stefan… phh, er glaubt, der Fall sei schon gelöst. Aber ich glaube das nicht!
Ich will die Geschichte von diesem schwierigen Fall aufschreiben, so kann ich ihn besser verstehen!

der Fall: mysteriöse Situation
schwierig: kompliziert
das Geheimnis: das Mysterium

aufdecken: die Wahrheit herausfinden
gelöst: (Partizip II von lösen) eine Lösung finden

1 Antworte

1. Wie alt ist Claudia?
   14 Jahre alt
2. Wer ist Hanna?
   Claudias freundin
3. Wer ist Stefan?
   Claudias Bruder
4. Wo ist Hanna?
   Hanna is Claudias freunde
5. Was ist Claudias Wunsch?
   Dedektiv.

2 Und jetzt antworte du!

Wie heißt du?
Izel

Wie alt bist du?
12

Magst du Detektivgeschichten?
Nein, ich nicht

Hast du Geschwister?
Nein, ich habe keine

Wie heißen sie?
X

Wie alt sind sie?
X

Hast du eine beste Freundin oder einen besten Freund?
Ja ich habe eine beste Freundin Gizem (14)

Wie heißt sie/er?
Gizem Uzun

Wie alt ist sie/er?
14

3 Stelle einem Freund oder einer Freundin die Fragen von Übung 2. Schreib dann seine / ihre Antworten in der 3. Person Singular auf.

11. März

Erster Tag
Besuch im altägyptischen Museum.

Ich besuche das altägyptische Museum zusammen mit meiner Klasse und Herrn Specht, unserem Geschichtslehrer.
Das Museum ist wunderschön, aber es gibt nur wenige Leute: Im Pharaonensaal sind nur drei Personen! In diesem Saal gibt es wunderschöne Dinge! Ich sehe mir alles aufmerksam an und …unglaublich! Da ist ein wunderschöner Skarabäus, aus schwarzem Stein, er sieht fast genauso aus wie der Skarabäus auf dem Schreibtisch von meinem Vater.
“So einen habe ich auch! So einen habe ich auch!”, rufe ich laut.
“Wie bitte?”, fragt der Lehrer.
“Der schwarze Skarabäus!” antworte ich, rot vor Verlegenheit.
“Meine Eltern haben ihn in Ägypten gekauft. Sicher ist er nicht der gleiche …meiner hat eine kleine Beule über dem Auge, und im Dunkeln leuchtet er.”

besuchen: ansehen gehen
Geschichtslehrer: Lehrer, der Geschichte unterrichtet
der Pharaonensaal: Saal, in dem die Objekte der Pharaonen sind, der antiken Könige aus Ägypten.

aufmerksam: genau
rufen: laut sagen
rot vor Verlegenheit: die Farbe von meinem Gesicht ist rot, denn die Situation ist unangenehm
die Beule: die Erhöhung (siehe Abbildung)
gemein: unsympathisch

11. März

“Natürlich ist dein Skarabäus nicht der gleiche! Deiner ist ein *Souvenir*, ein Glücksbringer, er ist nicht antik!”, sagt Paul.
Meine Klassenkameraden lachen und ich werde noch röter.
So rot wie eine Tomate.
Manchmal ist Paul wirklich gemein!

1 **Bring die Sätze in die richtige Reihenfolge und lies die Zusammenfassung.**

- 6 **a.** Paul sagt, der Skarabäus von Claudia ist nur ein Souvenir.
- 2 **b.** Im Museum sind wenige Leute.
- 1 **c.** Claudia besucht das altägyptische Museum mit ihrer Klasse.
- 3 **d.** In dem Pharaonensaal sind drei Personen.
- 5 **e.** Claudia ruft, dass sie auch so einen Skarabäus hat.
- 4 **f.** Claudia sieht einen Skarabäus aus schwarzem Stein.
- 7 **g.** Die Klassenkameraden lachen.

2 **Beantworte die Fragen:**

1. Wo ist Claudia?
   Im Museum.
2. In welchem Saal ist sie?
   Sie ist im Pharaonensaal
3. Mit wem ist sie dort?
   Mit klassen cameraden
4. Was sieht sie?
   Sie sieht einen Skarabäus
5. Warum lachen Claudias Klassenkameraden?
   weil, sie schleicht.

3 Und jetzt antworte bitte.

Besitzt du ein Souvenir aus einem anderen Land?

Ich habe ein Schmuck ...

Wenn du in den Ferien bist, kaufst du gern ein Souvenir für deine Freunde oder schreibst du lieber Postkarten?

Ich schreibe Postkarte.

Bekommst du lieber Souvenirs oder Postkarten?

Ich bekomme lieber Souvenirs.

Für wen kaufst du das schönste Souvenir? Für dich, für deine Freunde oder für deine Eltern?

Für mich.

Der schwarze Skarabäus ist ein Glücksbringer. Hast du einen Glücksbringer?

....

Male hier deinen Glücksbringer.

2 Rot vor Verlegenheit, weiß vor Angst, blau gefroren… gibt es diese Ausdrücke auch in deiner Sprache?

Mosmor olmak. => Kapak olmaktan.

Kıpkırmızı olmak. => Utançtan

Sararmak => Hastalıktan

....

12. März

Zweiter Tag
Was habe ich gemacht?

Während der Sportstunde ruft mich der Schuldirektor in sein Büro.
"Claudia Schulz, was hast du gestern in dem altägyptischen Museum gemacht?"
"Nichts Herr Direktor, ich habe nichts gemacht."
"Der Museumsdirektor hat mich angerufén. Also?"
"Ehm… ich habe nur laut gerufen… ich bin nur laut gewesen!"
Der Schuldirektor ist wütend und sagt mir, dass es verboten ist, im Museum laut zu rufen. Aber zum Glück bestraft er mich nicht.

12. März - abends

Es ist Abend. Ich bin in meinem Zimmer. Plötzlich ruft Papa:
"Claudia, Claudia, komm mal bitte her. Sofort!"
Er ist wütend. Was habe ich jetzt nur wieder gemacht?
Ich gehe in sein Arbeitszimmer und er sagt zu mir:
"Du darfst nicht in meinem Arbeitszimmer spielen! Das habe ich dir schon oft gesagt!"

Auf Papas Schreibtisch ist ein großes Durcheinander. Ich bin es nicht gewesen, ich habe nicht in seinem Arbeitszimmer gespielt, aber Papa glaubt mir nicht. Warum bin ich immer schuld, wenn es ein Problem gibt?

verboten: (Partizip II von verbieten) nicht dürfen
bestrafen: die Eltern anrufen, oder mich nach Hause schicken, weil ich böse gewesen bin.
plötzlich: spontan
ich bin es nicht gewesen: ich habe es nicht gemacht
schuld sein: etwas falsch gemacht haben

1 Lies die Sätze und entscheide, ob sie richtig oder falsch sind.

	R	F
1. Während der Deutschstunde ruft der Schuldirektor Claudia.	☐	■
2. Der Museumsdirektor hat den Schuldirektor angerufen.	■	☐
3. Es ist verboten, im Museum laut zu sprechen.	■	☐
4. Der Schuldirektor bestraft Claudia.	☐	■
5. Am Abend ist Claudia in dem Zimmer von ihrem Bruder.	☐	■
6. Claudias Vater ist wütend.	■	☐
7. Im Arbeitszimmer fehlt der Schreibtisch.	☐	■
8. Claudia hat im Arbeitszimmer von ihrem Vater gespielt.	☐	■

2 Korrigiere jetzt die falschen Sätze.

Während der Deutschstunde ruft der Schul-
direktor Claudia
Der Schuldirektor bestraft Claudia
Am Abend ist claudia in dem Zimmer von
ihrem Bruder
Im Arbeitszimmer

3 Schau dir Claudias Haus an. Beschreibe es wie im Beispiel:

In dem Haus gibt es ein Arbeitszimmer, ein
tisch, eine Sofa,
~~zwei~~ wc, eine zwei
schlafen zimmer

4 **Male Claudia und ihren Bruder Stefan in zwei verschiedenen Zimmern. Ein Klassenkamerad soll nun raten, wo sie sich befinden. Er kann fragen:**

Ist das Zimmer klein? Ja
Ist das Zimmer neben dem Arbeitszimmer? Ja
Ist das Zimmer neben dem Eingang? Ja

[Giriş]

5 **Male und beschreibe dein Haus.**

In meinem Zimmer ist Gardrop, bed, Schreibtisch, Bücher bla bla bla

In meinem Eltern Zimmer ist viel viel groß, im Bücher, Gardrop, tisch, bett, balkon, sofa, tv, tv tisch bla bla

In meinem Bruder Zimmer ist Ich weiß nicht!

13. März

Dritter Tag
Die neue Geschichtslehrerin

Der Schuldirektor tritt mit einer jungen Dame in die Klasse.
“Liebe Schüler, Herr Specht ist krank. Das ist Frau König. Sie vertritt euren Geschichtslehrer. Ich bitte euch, benehmt euch gut!”
Die Vertretungslehrerin ist jung und sehr schön. Sie hat lange schwarze Haare und sympathische Augen.
“So,” sagt sie, “ich weiß, ihr arbeitet an einem Projekt über die alten Ägypter. Hat jemand von euch einen Gegenstand aus Ägypten zu Hause?”
“Ich habe eine Papyrusrolle,” antwortet Thomas.
“Ich habe eine Flasche voll Wüstensand,” sagt Anne.
“Claudia hat einen Skarabäus!”, ruft Hanna.
“Sehr gut,” sagt Frau König, “dann bringt morgen die Gegenstände mit, wir werden ohne Bücher Unterricht machen.”
Ich finde die neue Lehrerin toll. Sie hat gute Ideen.

13. März - nachmittags
Die schwarze Limousine

Ich komme von der Schule nach Hause und sehe eine schwarze Limousine vor meinem Haus stehen. Sie hat dunkle Scheiben, aber ich kann den Fahrer und zwei Personen erkennen, die hinten sitzen. Ich habe noch nie eine Limousine in meiner Straße gesehen!

vertreten: den Unterricht für einen Kollegen machen
benehmt euch gut: seid freundlich und korrekt
die Papyrusrolle: Papier, das aus der Papyruspflanze hergestellt wurde.
die Limousine: Auto, das besonders lang ist und dunkle Scheiben hat
die Scheiben: die Fenster vom Auto
dunkel: fast schwarz

1 **Finde die richtige Antwort heraus.**

1. Frau König ist:
- ☒ **a.** die Vertretung für den Geschichtslehrer
- ☐ **b.** die Vertretung für den Sportlehrer
- ☐ **c.** die Vertretung für den Schuldirektor

2. Herr Specht
- ☒ **a.** ist krank
- ☐ **b.** ist weggefahren
- ☐ **c.** in eine andere Schule gegangen

3. Frau König hat
- ☐ **a.** lange blonde Haare
- ☐ **b.** kurze schwarze Haare
- ☒ **c.** lange schwarze Haare

4. Die Klasse arbeitet an einem Projekt über:
- ☐ **a.** Cowboys
- ☐ **b.** Pyramiden
- ☒ **c.** Alte Ägypter

5. Thomas hat:
- ☒ **a.** eine Papyrusrolle
- ☐ **b.** eine Flasche voll Wüstensand
- ☐ **c.** einen Skarabäus

6. Vor Claudias Haus steht:
- ☐ **a.** ein Porsche
- ☒ **b.** eine Limousine
- ☐ **c.** ein Geländewagen

2 Schreibe die Superlativformen der Adjektive auf.

schön: am schönsten
lang: am längstem
gut: am besten
interessant: am interessantesten
groß: am großtem
schwierig: am schwierigasten

3 Finde den richtigen Namen für jedes Auto.

1. Geländewagen
2. Limousine
3. Familienwagen
4. Sportwagen

a. 4

b. 2
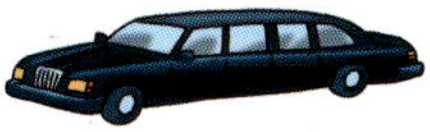

c. 1

d. 3

4 Und nun antworte!

Was für ein Auto gefällt dir?

Ich gefälle mir Sportwagen

Frag deine Klassenkameraden, welche Autos sie mögen.

Geländewagen	Limousine	Sportwagen	Familienwagen
Irmak	Deniz	Gülce	Burak A.
Ege	Damla	Burcu	Eymen
Noyan	Batu	Ezgi	Alara O.
Ilgaz	Tuana	Burak	Efe
Deniz	Aslı	Işıl	Can Deniz
Kerem	Gizem	Deniz	Cenhür

14. März

Vierter Tag
Der Skarabäus mit der Beule

Ich nehme meinen Skarabäus mit in die Schule und stelle fest, dass viele meiner Klassenkameraden einen Skarabäus haben. Die Skarabäen von meinen Klassenkameraden sind bunt. Meiner ist schwarz und hat eine Beule über einem Auge. Er ist wirklich am hässlichsten!
Der Unterricht ist sehr interessant, und zum Schluss sagt uns Frau König, dass wir die Gegenstände in den Klassenschrank legen können, da können sie bis zur nächsten Stunde bleiben.

14. März - nachmittags
Die Verfolgung

Am Nachmittag mache ich eine Fahrt mit dem Fahrrad. In der Stadt sehe ich wieder die schwarze Limousine.
Ich habe beschlossen: Ich folge ihr. Der Fahrer fährt ganz langsam durch die Straßen der Innenstadt. Er fährt nach rechts, dann nach links und hält dann vor einem Supermarkt.
Der Fahrer steigt aus dem Auto aus und öffnet die Hintertür. Eine sehr elegante Dame steigt aus.

Aber…diese Frau kenne ich doch, sie sieht aus wie…nein, das ist nicht möglich! Die Frau geht in das Geschäft, und kommt kurze Zeit später wieder heraus. Sie trägt eine Plastiktüte. Sie steigt wieder in das Auto ein und die Limousine fährt schnell weg.

Ich fahre so schnell ich kann, aber das Auto ist schneller als ich. Uff! Weg ist es!

feststellen: bemerken
zum Schluss: am Ende
Die Verfolgung: hinter einer anderen Person herfahren
aussteigen: das Auto verlassen
einsteigen: das Auto betreten

1 **Sieh dir die Karte an, lies die Hinweise und finde heraus, wohin Claudia fährt.**

Claudia kommt von der Schule und fährt direkt zum Park, dann fährt sie nach rechts. Sie fährt geradeaus und dann nach links. Claudia ist angekommen. Wo? Claudias Haus

2 **Du gehst von Claudias Haus los und gehst zu einem der Orte, die auf der Karte eingezeichnet sind. Schreib den Weg auf ein Blatt Papier und gib es dann einem Klassenkameraden von dir. Er soll herausfinden, wo du bist.**

3 **Vervollständige die Sätze und konjugiere die Verben.**

☐ betreten ☒ herauskommen ☐ einsteigen
☐ aussteigen ☒ öffnen ☐ wegfahren ☒ halten

1. Das Auto ......hält......... vor einem Supermarkt.
2. Der Fahrer ......öffnet...... die Hintertür.
3. Eine Frau ......steigt...... aus dem Auto ......aus......
4. Die Frau ......betretet...... das Geschäft.
5. Die Frau ......kommt...... mit einer Plastiktasche aus dem Geschäft ......heraus
6. Der Fahrer ......steigt...... in das Auto ......ein......
7. Das Auto ......fährt...... schnell ......weg......

4 **Jetzt antworte bitte.**

Hast du ein Fahrrad?
Ja, ich habe ein Fahrrad...
Fährst du mit dem Fahrrad in die Schule?
Manchmal...
Warum?
Weil, ich bin sich verspäten =)Gec kalmak...
Wenn du nicht mit dem Fahrrad fährst, wie fährst du dann in die Schule?
Weil, ich bin sich verspäten =>Gec kalmak...
Warum?
....

15. März

Fünfter Tag
Wo ist mein Skarabäus?

10 Uhr: Geschichtsunterricht.

Frau König fordert uns auf, die Gegenstände aus dem Klassenschrank zu nehmen. Ich mache den Schrank auf und sehe, dass mein Skarabäus weg ist!
"Mein Skarabäus!", rufe ich, "Wo ist er? Ich kann ihn nicht finden! Hier ist er nicht!"
"Er ist so hässlich, dass er weggelaufen ist!", sagt der unsympathische Paul. Alle lachen. Ich gehe zur Lehrerin.
"Frau König," sage ich schüchtern,
"mein Skarabäus mit der Beule ist weg."
"Ein Skarabäus mit Beule?", auch die Lehrerin lacht.
"Was sagst du? Ich kann mich an keinen Skarabäus erinnern!"

15. März

Ich bin sehr wütend! Frau König lügt! Gestern hat sie meinen Skarabäus gesehen, sie hat ihn in die Hand genommen, sie hat ihn aufmerksam angesehen und jetzt…warum lügt sie?

hässlich: nicht schön
auffordern: bitten
schüchtern: verlegen, ängstlich
nicht erinnern: nicht mehr wissen
lügen: nicht die Wahrheit sagen

1 **Verbinde die Sätze miteinander.**

1. Die Lehrerin fordert die Schüler auf
2. Claudia macht den Klassenschrank auf
3. Paul sagt,
4. Die Klassenkameraden
5. Claudia geht
6. Die Lehrerin sagt,

a. die Objekte aus dem Schrank zu nehmen.
b. zur Lehrerin.
c. und sieht, dass ihr Skarabäus weg ist.
d. der Skarabäus ist weggelaufen, weil er hässlich ist.
e. lachen.
f. sie kann sich an keinen Skarabäus erinnern.

1	a	2	c	3	d	4	e	5	b	6	f

2 **Schreibe nun eine Zusammenfassung.**

Die Lehrerin fordert die Schüler auf, Claudia macht den Klassenschrank auf und sieht, dass ihr Skarabäus ....

....

....

3 Finde die richtige Antwort heraus!

1. rufen bedeutet:
- ❑ **a.** leise sprechen
- ❑ **b.** laut sprechen

2. lügen bedeutet:
- ❑ **a.** die Wahrheit sagen
- ❑ **b.** nicht die Wahrheit sagen

3. herausfinden bedeutet:
- ❑ **a.** sehen
- ❑ **b.** öffnen

4. verschwinden
- ❑ **a.** schnell weggehen
- ❑ **b.** herauskommen

2 Streiche die Wörter aus der Liste in dem Schema aus und finde heraus, was Claudia denkt.

- ❑ öffne
- ❑ Schrank
- ❑ gestern
- ❑ Stunde
- ❑ Objekte
- ❑ sagt
- ❑ lachen
- ❑ Skarabäus
- ❑ Geschichte
- ❑ alle

Ö	F	F	N	E	S	C	H	R	A	N	K
G	E	S	T	E	R	N	S	A	G	T	W
E	R	O	B	J	E	K	T	E	H	A	T
S	T	U	N	D	E	M	E	I	N	E	N
S	K	A	R	A	B	Ä	U	S	S	K	A
G	E	S	C	H	I	C	H	T	E	R	A
B	Ä	U	S	L	A	C	H	E	N	G	E
S	T	O	H	L	E	N	A	L	L	E	?

WER HAT MEINEN SKARABÄUS GESTOHLEN?

15. März - abends
Ich bin “Claudia Holmes”

Ich kann nicht schlafen. Ich muss an meinen Skarabäus denken und an die Lüge von Frau König…ja, an Frau König! Jetzt ist mir klar: Die Frau aus der Limousine ist Frau König!
Dann …gibt es vielleicht eine Verbindung zwischen der schwarzen Limousine, Frau König und meinem Skarabäus! Und das Durcheinander auf dem Schreibtisch von Papa…ja, sie haben den Skarabäus gesucht!
Hanna sagt, dass ich zu misstrauisch bin, dass ich auch dort Geheimnisse sehe, wo es keine gibt. Aber dieses Mal bin ich sicher, es gibt wirklich ein Geheimnis! Morgen nach der Schule verkleide ich mich als *Claudia Holmes*. Ich werde dieses Geheimnis lösen!
Ich bin müde, aber bevor ich das Licht ausmache, schreibe ich alle die Dinge auf, die ich für die Nachforschungen brauche:

die Mütze

Die Verkleidung:

- die Baseballmütze von meinem Bruder.
- die Sonnenbrille von meiner Mutter.

die Sonnenbrille

Gegenstände

- das Fernglas von meinem Vater.
- der Fotoapparat.
- das Aufnahmegerät.

Plan

1. Die schwarze Limousine finden.
2. Herausfinden, wem sie gehört.
3. ?

das Fernglas

Ich weiß noch nicht, was der dritte Schritt ist, aber morgen fällt mir sicher etwas ein. Jetzt schlafe ich lieber.

der Fotoapparat

das Aufnahmegerät

die Verbindung: der Zusammenhang
misstrauisch sein: skeptisch sein
die Nachforschung: die Suche

die Verkleidung: Kleider, die das Aussehen verändern
der Plan: Dinge, die ich machen will

1 **Lies die Zusammenfassung und korrigiere die Fehler.**

Claudia kann nicht schlafen. Sie denkt an ihren Skarabäus, an den weißen Porsche und an Herrn Specht. Vielleicht ist der Fahrer von dem Porsche Herr Specht!

Hanna, Claudias Schwester, sagt, dass Claudia zu schüchtern ist, aber Claudia verkleidet sich
als Agatha Christie und löst diesen Traum.

2 **Schreibe jetzt die Zusammenfassung ohne Fehler.**

....

....

....

....

....

....

3 **Finde den Namen von den Objekten heraus und verbinde sie mit dem richtigen Bild.**

1. ETZÜM ....MÜTZE........

2. NREFSALG ....FERNGLAS........

3. AOTOFPPATAR ....FOTOAPPARAT........

4. MHANFUAETÄREG ....AUFNAHMEGERÄT........

5. BRLLEINENNOS ........SONNEBRILLEN........

4 **Antworte.**

Claudia mag Detektivgeschichten sehr gern und ihr Idol ist *Sherlock Holmes.*

Und du, welche Geschichten liest du gern?

- [ ] Liebesgeschichten
- [x] Geheimnisvolle Erzählungen
- [ ] Lustige Geschichten
- [x] Abenteuergeschichten
- [x] Horrorgeschichten

Wer ist dein Idol?

Mein Idol ist ich weiß nicht.

Warum?

???

16. März

Sechster Tag
Die Nachforschungen beginnen

Ich stehe früh auf. Ich packe meinen Rucksack und fahre in die Schule. Der Unterricht dauert ewig und ist langweilig: Ich denke an meine Nachforschungen. Endlich ist der Unterricht zu Ende. Schnell verlasse ich die Schule, ich steige auf mein Fahrrad und verlasse den Schulhof. Ich setze die Baseballmütze von Stefan und die Sonnenbrille von Mama auf. Ich muss die Limousine finden und herausfinden, wer diese Leute sind.

Da ist die Limousine. Sie steht vor dem Hotel Adler. Oh, nein! Sie fährt weiter! Zum Glück fährt der Fahrer sehr langsam und ich kann ihm folgen.
Das Auto hält vor einer Eisenwarenhandlung. Der Fahrer geht hinein und kommt kurze Zeit später mit einem Karton heraus. Er stellt den Karton ins Auto und fährt weiter.

Dann hält das Auto vor einem Supermarkt. Die Frau steigt aus, und nach fünf Minuten, kommt sie mit zwei Platiktüten wieder heraus. Der Fahrer stellt die Plastiktüten ins Auto und fährt weiter. Am Ende hält die Limousine vor dem Haus von Herrn Specht. Die zwei Männer und die Frau steigen aus dem Auto aus und gehen in das Haus.
Aber… was wollen diese Leute von Herrn Specht?
Ich kann nicht zum Haus gehen: Es ist Tag und sie können mich sehen.
Ich fahre nach Hause und komme heute Abend wieder.

den Rucksack packen: Hefte und Bücher in den Rucksack tun
ewig: ohne Ende
langsam: nicht schnell
folgen: nachfahren
verlassen: weggehen
die Eisenwarenhandlung: Geschäft, in dem man Produkte aus Metall kauft

1 Vervollständige die Sätze mit den richtigen Wörtern.

1. Claudia steht (*spät – früh*) auf, sie packt (*den Koffer – den Rucksack*) und geht zur Schule.

   ....

2. Der Unterricht ist (*interessant – langweilig*) .

   ....

3. Claudia setzt (*die Skimütze – die Baseballmütze*) von ihrem Bruder und die Sonnenbrille von (*ihrer Mutter – ihrem Vater*) auf.

   ....

4. Die Limousine steht (*hinter – vor*) dem Hotel (*Blume – Adler*).

   ....

5. Der Fahrer fährt (*schnell– langsam*) und Claudia kann ihn (*sehen – anhalten*)

   ....

6. Das Auto hält (*vor – in*) einem (*Museum – Supermarkt*).

   ....

7. Am Ende hält (*das Fahrrad – das Auto*) vor dem Haus von (*Herrn Specht – dem Schuldirektor*).

   ....

8. Claudia kann nicht (*zum Haus gehen-telefonieren*), weil es (*regnet – Tag ist*).

   ....

2 **Vervollständige die Sätze mit der richtigen Präposition.**

❑ *in* ❑ *in* ❑ *in* ❑ *aus* ❑ *aus* ❑ *auf* ❑ *von* ❑ *vor*

1. Ich fahre ...in...die Schule.
2. Ich steige ...auf...das Fahrrad.
3. Ich fahre ...von... dem Schulhof weg.
4. Er geht......in...den Supermarkt.
5. Ich komme ...aus... der Schule.
6. Ich steige ...aus... der Limousine aus.
7. Ich bin ...in....dem Supermarkt.
8. Ich bin ...in... meinem Zimmer.

Izel Gelik

3 **Nimm ein Wörterbuch und finde heraus, was diese Geschäfte verkaufen:**

EISENWARENHANDLUNG

Nagel, Werkzeuge, Eisen

APOTHEKE

Medizin, Vitamine

FISCHGESCHÄFT

Fisch, karides

BÄCKER

Brot, torte

SCHREIBWARENHANDLUNG

Bücher, Hefte, mappe STIFTE

16. März - 18.30 Uhr

Ich warte.

Ich bin in meinem Zimmer. Bald wird es dunkel sein, dann kann ich zum Haus von Herrn Specht gehen und herausfinden, wer diese Leute sind. Ja, ich muss die Nachforschungen weiterführen, ich bin sicher, dass ich der Lösung sehr nah bin…das Problem ist nur, ich habe Angst!
Ich frage einfach Stefan. Ich bitte ihn, mitzukommen. Er ist 17 Jahre alt und hat keine Angst…
Es ist nicht einfach gewesen. Aber am Ende, habe ich Stefan überzeugt mitzukommen.

16. März - 20.30 Uhr

Wir gehen aus dem Haus. Stefan sagt Mama, dass er ein Geografiebuch bei seinem Freund abholen muss und mich mitnimmt. Mama und Papa wundern sich: Stefan und ich gehen nie zusammen weg. Aber sie sagen nichts und lassen uns gehen.

Es wird dunkel: Es wird Abend
überzeugen: eine andere Person dazu bringen, etwas für mich zu machen
sich wundern: überrascht sein

1 **Lies die Sätze und entscheide ob sie richtig oder falsch sind.**

	R	F
1. Claudia ist in ihrem Arbeitszimmer.	❑	☒
2. Bald wird es hell sein.	❑	☒
3. Claudia geht zu dem Haus von Herr Specht zurück.	☒	❑
4. Claudia will nicht allein zu dem Haus von Herrn Specht gehen. Sie hat Angst.	☒	❑
5. Claudia will Hanna bitten, mitzukommen.	❑	☒
6. Stefan ist 18 Jahre alt.	❑	☒
7. Stefan sagt den Eltern, dass er mit Claudia ins Kino geht.	❑	☒
8. Die Eltern lassen Claudia nicht weggehen.	❑	☒

Falch

2 **Korrigiere jetzt die falschen Sätze.**

Claudia ist in ihrem Arbeitszimmer.

Bald wird es hell sein

Claudia will nicht allein zu dem Haus von Herrn Specht gehen. Sie hat Angst.

Claudia will Hanna bitten, mitzukommen.

Stefan ist 18 Jahre alt.

Stefan sagt den Eltern dass er mit Claudia ins Kino geht.

Die Eltern lassen Claudia nicht weggehen

3 Wer sagt, dass …

1. … sie sicher und der Lösung nah ist?
   Claudia sagt dass sie sie sicher und der Lösung nah ist?
2. … er ein Buch bei einem Freund abholen muss?
   Stefen sagt dass er ein Buch bei…
3. … der Skarabäus weggelaufen ist, weil er hässlich ist?
   Paul sagt dass
4. … Claudia zu misstrauisch ist?
   Henna sagt dass
5. … sie sich an keinen Skarabäus mit Beule erinnern kann?
   Frau König sagt dass
6. … es verboten ist, im Museum laut zu sprechen?
   Schuldirektor
7. … er nicht will, dass Claudia in seinem Arbeitszimmer spielt?
   Claudias Papa

4 Vervollständige die Verben im Futur.

1. Claudia (*zurückgehen*) ....wird.... zu dem Haus von Herrn Specht ....zurückgehen.... .
2. Claudia (*bitten*) ....wird.... Stefan ....bitten...., mitzukommen.
3. Stefan (*mitgehen*) ....wird.... mit Claudia ....mitgehen.... .
4. Claudia und Stefan (*ausgehen*) ....werden.... zusammen ....ausgehen.... .

16. März - 20.45 Uhr

Wir sind vor dem Haus von Herrn Specht. Die Limousine ist nicht mehr da. Wir klettern auf einen Baum, um in das Haus zu gucken und sehen den Geschichtslehrer auf einen Stuhl gebunden und geknebelt. Wir sind einen Moment regungslos, dann sagt

Stefan: "Wir müssen die Polizei rufen." Wir gehen eine Telefonzelle suchen. Aber Stefan ruft nicht die Polizei an, sondern die Feuerwehr. "Hilfe, bitte, helfen Sie mir," ruft er verzweifelt ins Telefon

"Was ist denn los?", fragt eine Stimme am anderen Ende der Leitung.
"Meine Schwester ist fünf Jahre alt und hat sich im Haus eingeschlossen! Meine Eltern sind nicht da und ich kann die Tür nicht aufmachen," lügt Stefan.
"Beruhige dich, ist ja gut, wo wohnst du?"
"In der Ebertallee 22."
"Wir kommen sofort!"
"Kommen Sie aber bitte ohne Sirene, meine Schwester erschrickt sonst."
"Gut, mein Junge, mach dir keine Sorgen."
Stefan legt den Hörer auf. Jetzt warten wir.

auf einen Baum klettern: auf einen Baum steigen
geknebelt: der Mund ist verbunden, man kann nicht sprechen
regungslos: ohne Bewegung
verzweifelt: ohne Hoffnung
die Leitung: die Telefonverbindung
erschrecken: plötzlich Angst bekommen
den Hörer auflegen: das Telefongespräch beenden

1 **Schreib die Fragen zu den Antworten.**

1. Wo sind sie ?
Sie sind vor dem Haus von Herrn Specht.

2. wohin klettern sie ?
Um in das Haus zu gucken.

3. Was sehen sie ?
Den Geschichtslehrer auf einen Stuhl gebunden und gefesselt.

4. Wen ruft Stefan an ?
Die Feuerwehr.

5. Was sagt Stefan ?
Seine 5-jährige Schwester hat sich im Haus eingeschlossen.

6. Wie ist die Geschistlehrer Adresse ?
In der Ebertallee 22.

7. Warum sollen sie ohne Sirene kommen ?
Weil seine Schwester sonst erschrickt.

8. .... ?
Sie warten.

2 Schreib die Wörter in das Schema.

- ☒ Tür
- ☒ Haus
- ☒ Baum
- ☒ Fenster
- ☒ Telefon
- ☒ Feuerwehr
- ☒ Limousine
- ☒ Telefonzelle

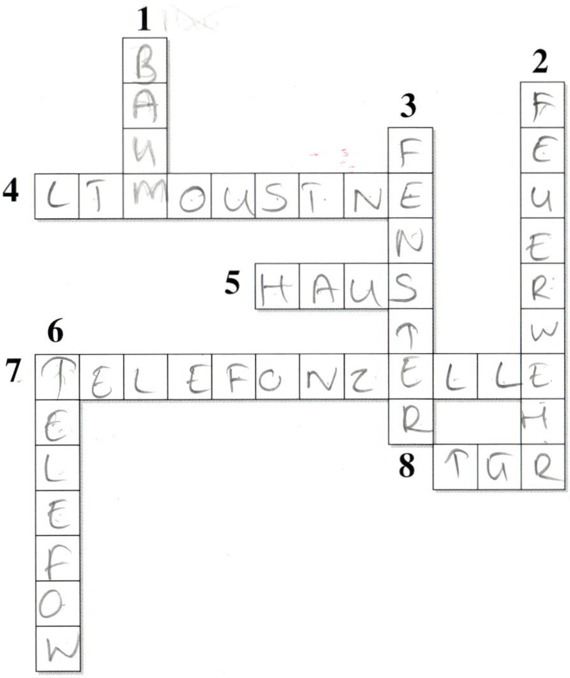

3 Und jetzt antworte.

Welche Telefonnummer hat die Polizei in deinem Land?

155 ....

Und die Feuerwehr?

110 ....

Und der Krankenwagen?

112 ....

Und die Auskunft?

118 ....

16. März - 21.05 Uhr

Stefan und ich gehen zu dem Haus von Herrn Specht zurück und verstecken uns hinter einem Auto. Nach wenigen Minuten nur kommt die Feuerwehr. Wir gehen ihr entgegen.
“Ich bin der Kommandant Fischer. Hast du angerufen?”, fragt der Feuerwehrmann Stefan.
“Ja”, antwortet Stefan.
“Ist das das Haus?”, fragt der Kommandant.
“Ja, das ist es, aber…”

Stefan erzählt ihm die ganze Geschichte.
Der Kommandant geht auf das Haus zu. Stefan geht mit ihm mit. Der Geschichtslehrer ist in der Küche, er ist auf einen Stuhl gebunden und geknebelt. Die Feuerwehrleute gehen in das Haus und befreien ihn. Kurze Zeit später treffen ein Krankenwagen und die Polizei ein. Die Krankenpfleger bringen Herrn Specht ins Krankenhaus. Er hat große Angst und fühlt sich nicht gut.
Stefan muss dem Kommandanten noch einmal die Geschichte erzählen. Dann schickt er uns nach Hause. Stefan meint, wir sollen Papa und Mama nichts erzählen. Ich bin einverstanden.

sich verstecken: an einen Ort gehen, wo man nicht gesehen wird
jemanden befreien: frei machen
der Krankenwagen: Wagen, der Kranke ins Krankenhaus transportiert.
meinen: finden
einverstanden: das finde ich auch

1 **Beantworte die Fragen.**

1. Wo verstecken sich Stefan und Claudia?

....

2. Wie heißt der Kommandant der Feuerwehr?

....

3. In welchem Zimmer des Hauses ist Herr Specht?

....

4. Was machen die Feuerwehrleute?

....

5. Wer kommt kurze Zeit später?

....

6. Warum bringen die Krankenpfleger Herrn Specht ins Krankenhaus?

....

7. Was sagt Stefan zu Claudia?

....

2 **Welches Wort passt nicht? Warum?**

1. ❑ Auto ☒ Fahrrad ❑ Taxi
   Das Fahrrad hat zwei Räder

2. ❑ Krankenwagen ❑ Krankenpfleger ❑ Polizist
   ....

3. ❑ Haus ❑ Küche ❑ Schlafzimmer
   ....

4. ❑ Bruder ❑ Mutter ❑ Freund
   ....

5. ❑ Lehrer ❑ Schuldirektor ❑ Feuerwehrmann
   ....

6. ❑ Pharao ❑ Papyrusrolle ❑ Fahrrad
   ....

7. ❑ Sport ❑ Geschichte ❑ Museum
   ....

3 **Sieh dir die Uhren genau an und schreibe die Uhrzeiten auf.**

17. März

Siebter Tag - Morgens
Ein böses Erwachen

Ich wache plötzlich auf. Papa schimpft:
“Stefan, Stefan, wach auf. Komm in die Küche. Sofort!”
Ich gehe auch runter. Wir betreten die Küche gemeinsam. Papa und Mama stehen vor dem Küchentisch und lesen in der aufgeschlagenen Zeitung. *Sie sind sehr wütend.*
“Wo bist du gestern Abend gewesen? Wohin hast du Claudia gebracht?”
“Warum?”, fragt Stefan.
“Darum! Lies die Zeitung von heute.”
Stefan und ich nähern uns dem Küchentisch. In der Zeitung ist ein großes Foto von Stefan zu sehen. Neben dem Foto steht geschrieben:

JUGENDLICHER DECKT DIE ENTFÜHRUNG VON EINEM LEHRER AUF

Die Polizei nimmt die Verbrecher fest.

Stefan Schulz, ein mutiger Junge, 17 Jahre alt, hat eine Entführung aufgedeckt.
Die Polizei hat die Verbrecher – zwei Männer und eine Frau- im Hotel Adler festgenommen.
Frau Carla König, 25 Jahre alt, hat Herrn Specht in der Marienschule vertreten.

Herr Specht befindet sich im Krankenhaus, weiß aber nicht, warum ihn die Verbrecher entführt haben. Im Hotelzimmer hat die Polizei eine Papyrusrolle gefunden, die in dem Nationalmuseum in Kairo gestohlen wurde...

Ich lese den Zeitungsartikel laut vor.
Ich bin sehr wütend.
Ich habe die Entführung aufgedeckt, nicht Stefan!
So eine Unverschämtheit!

schimpfen: laut rufen
aufgeschlagen: geöffnet
sich nähern: zugehen auf
die Entführung: eine Person in seine Gewalt bringen
aufdecken: lösen
festnehmen: ins Gefängnis bringen
so eine Unverschämtheit: das ist nicht gerecht

1 Ordne die Sätze.

- ❑ **a.** Claudia geht auch in die Küche.
- ❑ **b**. Claudia ist wütend, denn sie hat die Entführung aufgedeckt, nicht Stefan.
- ❑ **c.** Claudia wacht plötzlich auf, weil der Vater schimpft
- ❑ **d.** Claudias Vater ruft Stefan.
- ❑ **e.** Die Eltern sind in der Küche. Sie sehen in die Zeitung und sind wütend.
- ❑ **f.** In dem Zeitungsartikel steht geschrieben, dass Stefan eine Entführung entdeckt hat.
- ❑ **g.** In der Zeitung steht ein Artikel, der von Stefan berichtet.

2 Vervollständige den Artikel mit den fehlenden Wörtern.

Stefan Schulz, ein mutiger Junge, 17 Jahre ....alt.............. ,
entdeckt eine .... Die Entführer, zwei ....
und eine Frau, haben .... Specht entführt.
Der Lehrer ist nun im .... Im Hotel ....
hat die Polizei eine .... gefunden, die aus dem
.... in Kairo kommt.

3 Finde die Antonyme und bilde Sätze.

1. stehen: ....

....

2. offen: ....

....

3. groß: ....

....

4. über: ....

....

5. hoch: ....

....

6. viel: ....

....

4 Antworte jetzt.

Wann stehst du morgens auf?

Ich stehe um 7:20 Uhr

Frühstückst du zusammen mit deiner Familie?

Ja, aber ich Frühstücke zusammen mit meiner Familie Wochenende

Was isst du zum Frühstück?

Änderbar => Degistirik

Was machst du am Morgen?

Ich steh auf, ich frühstücke bla blabla.

17. März - in der Schule

EUREKA!

In der Schule sprechen alle von Stefan und sagen zu mir:"Dein Bruder ist wirklich ein Held!"
Ich werde immer wütender. **Ich** decke die Entführung auf und **er** wird ein Held! Das ist ungerecht!
In der Pause gehe ich an dem Schaukasten vorbei, in dem der Zeitungsartikel mit dem Foto von meinem Bruder hängt, und habe plötzlich eine Idee: die Papyrusrolle! Ich gehe näher an den Zeitungsartikel heran und betrachte das Foto von der Papyrusrolle genauer. Eureka! Jetzt ist alles klar!
Mein Skarabäus ist der Schlüssel, mit dem ich den Fall lösen kann.

17. März - nachmittags
Und was nun?

Ich weiß jetzt, wie ich den Fall lösen kann, aber ich brauche Hilfe. Vielleicht muss ich Mama alles sagen. Ja, Mama wird mich verstehen und wird mir helfen. Um sechs Uhr kommt Mama von der Arbeit nach Hause. Ich werde im Garten auf sie warten.

Eureka: griechisches Wort, bedeutet: "Ich habe es gefunden"
der Held: mutige Person
Pause: Zeitraum zwischen zwei Unterrichtsstunden
betrachten: genau ansehen
der Schlüssel: wichtiges Element für die Lösung

1 Finde die richtige Antwort heraus.

1. In der Schule:

- ☒ **a.** sprechen alle über Stefan
- ☐ **b.** spricht niemand über Stefan

2. Stefan ist ein:

- ☐ **a.** Freund
- ☒ **b.** Held

3. Im Schaukasten hängt:

- ☒ **a.** ein Foto von dem Skarabäus von Claudia
- ☐ **b.** der Zeitungsartikel, der von Stefan erzählt

4. Der Schlüssel für die Lösung ist:

- ☐ **a.** die Papyrusrolle
- ☐ **b.** der Skarabäus

5. Wen will Claudia um Hilfe bitten?

- ☐ **a.** ihre Freundin Hanna
- ☒ **b.** ihre Mutter

2 **Forme die Adjektive in Substantive um und bilde Sätze.**

vorsichtig *die Vorsicht*
Paul ist vorsichtig. *Claudia arbeitet mit großer Vorsicht.*

1. schnell ....
....
2. langsam ....
....
3. wütend ....
....
4. verzweifelt ....
....
5. schwierig ....
....
6. leicht ....
....
7. mutig ....
....

3 **Und jetzt anworte.**

Wen fragst du, wenn du Hilfe brauchst?

❑ deine Mutter
❑ deinen Vater
❑ deine Schwester
❑ deinen Bruder
❑ eine Freundin
❑ andere Personen:.........................

Warum?

....

17. März - abends

Mama hat beschlossen, mir zu helfen, auch wenn sie wütend auf mich ist.
Wir gehen zum Hotel Adler. Frau Berger, die Besitzerin von dem Hotel ist eine Freundin von Mama. Sie bringt uns in das Zimmer der Verbrecher.
"Die Polizei ist schon hier gewesen, was sucht ihr denn?", fragt Frau Berger.
"Ich weiß es nicht genau," antworte ich.
Wir suchen überall, aber wir finden nichts. Ich habe ganz schmutzige Hände und gehe ins Bad, um sie zu waschen.
Warum läuft das Wasser nur so schwer ab?
Ich sehe nach und …oh, ich sehe den Skarabäus mit der Beule im Abfluss! Deshalb sind die Männer also in die Eisenwarenhandlung gegangen! Sie wollten den Abfluss abnehmen und den Skarabäus herausnehmen! Mama ruft Frau Berger. Frau Berger ruft einen Jungen vom Hotel, der uns hilft, unseren Skarabäus zu befreien. Mama bringt mich nach Hause und geht dann auf die Polizeiwache.

die Besitzerin: Frau, der das Hotel gehört
schmutzig: nicht sauber
überall: an allen möglichen Stellen
der Abfluss: Rohr, durch das das Wasser abfließt
die Polizeiwache: das Polizeibüro

1 **Lies die Sätze und sage, ob sie richtig oder falsch sind.**

	R	F
1. Claudias Mutter ist wütend, aber sie hilft ihr.	❑	❑
2. Die Besitzerin von dem Hotel Adler heißt Frau Burg.	❑	❑
3. Frau Berger ist die Tante von Claudia.	❑	❑
4. Die Polizei ist schon in dem Zimmer der Verbrecher gewesen.	❑	❑
5. Claudia geht ins Bad. Sie will sich die Hände waschen.	❑	❑
6. Das Wasser fließt schnell in den Abfluss.	❑	❑
7. Der Skarabäus ist über dem Waschbecken.	❑	❑
8. Ein Junge befreit den Skarabäus aus dem Abfluss.	❑	❑
9. Claudia geht mit ihrer Mutter auf die Polizeiwache.	❑	❑

2 **Korrigiere jetzt die falschen Sätze.**

....

....

....

....

....

3 **Finde in dem Schema die Wörter aus der Liste.**

E	I	S	E	N	W	A	R	E	N	H	A	N	D	L	U	N	G
S	O	U	V	E	N	I	R	V	E	R	B	R	E	C	H	E	R
A	L	T	Ä	G	Y	P	T	I	S	C	H	W	Ü	T	E	N	D
S	C	H	M	U	T	Z	I	G	F	R	E	U	N	D	I	N	X
B	E	T	R	E	T	E	N	N	I	C	H	T	S	M	A	M	A
Z	I	M	M	E	R	H	Ä	N	D	E	H	A	U	S	B	A	D
G	F	T	S	H	O	T	E	L	P	K	H	I	E	R	B	S	A

- ❑ Hotel
- ❑ Verbrecher
- ❑ Freundin
- ❑ Mama
- ❑ wütend
- ❑ Hände
- ❑ Bad
- ❑ nichts
- ❑ Haus
- ❑ hier
- ❑ altägyptisch
- ❑ schmutzig
- ❑ betreten
- ❑ Zimmer
- ❑ Eisenwarenhandlung
- ❑ Souvenir

18. März

Achter Tag

Ich bin auch eine Heldin.

Heute Morgen ruft mich Mama zum Frühstück. Während ich die Treppe herunterkomme, zeigt sie auf die Zeitung, die auf dem Tisch liegt und sagt:"Lies!" In der Zeitung steht ein Artikel über mich!

Claudia Schulz, 14 Jahre alt, hilft der Polizei den Fall von der Entführung des Lehrers Specht lösen.

Der Schlüssel für die Lösung ist ein Skarabäus mit einer Beule! In der Nacht hat eine lange Unterhaltung über Internet zwischen der deutschen und der ägyptischen Polizei ergeben, dass der kleine Skarabäus sehr kostbar ist. Er ist der Schlüssel, der das Spielzimmer der Tochter des Pharao in der antiken Pyramide von Tukamen öffnet.
Die Vertreter der Stadt haben eine Partnerschaft zwischen den beiden Städten vorgeschlagen.

während: im selben Moment
die Unterhaltung: die Konversation
ergeben: ein Resultat haben
die Vertreter der Stadt: Personen, die die Stadt repräsentieren
vorschlagen: die Idee haben...

1 **Schreib die Fragen für jeden Satz.**

1. Heute morgen ruft die Mutter Claudia zum Frühstück.

Wann ....?
Wer ....?
Warum ....?

2. Die Mutter zeigt auf die Zeitung auf dem Tisch.

Wer ....?
Was ....?
Wo ....?

3. In der Zeitung steht ein Artikel, der über Claudia spricht.

Wo ....?
Was ....?
Von wem ....?

4. Claudia Schulz, ein 14-jähriges Mädchen findet den Schlüssel von dem Geheimnis.

Wer ....?
Wie alt ....?
Was ....?

5. Die Vertreter der Stadt Kairo haben eine Partnerschaft zwischen den beiden Städten vorgeschlagen.

Wer ....?
Was ....?
Zwischen wem ....?

2 Schreib die Wörter in das Gitter.

5

8

1

2

3

4

10

6

9

7

3 Antworte jetzt.

Hast du einen Computer?
Ja, ich habe.

Surfst du im Internet?
Ja, Ich surfe im Internet

Hat deine Schule Internet?
Ja, meine schule hat Internet

Gibt es in deiner Schule einen Computerraum?
Ja, meine Schule gibt es einen Computerraum.

Welche Sites gefallen dir?
Ich weiß nicht!

19. März

Neunter Tag
Post

Heute Morgen ist ein Brief aus Kairo gekommen! Mama und Papa haben gesagt, dass ich den Brief öffnen soll. Huhh,...wie aufregend! Wer weiß, was drin steht!

Sehr geehrte Familie Schulz!
Der Direktor des Nationalmuseums von Kairo und die Vertreter der Stadt sind Claudia Schulz sehr dankbar, dass sie den Schlüssel gefunden hat, der der Welt einen weiteren Ort der Geschichte Ägyptens eröffnet. Wie laden die Familie Schulz ein, zwei Wochen in unserem Land zu verbringen.

Das ist eine schöne Belohnung!

drin steht: was in dem Brief geschrieben ist
dankbar sein: danken
einladen: die Familie Schulz ist zu Gast in Kairo
verbringen: bleiben
die Belohnung: das Dankeschön

1 **Anworte bitte!**

Wie hat dir die Geschichte gefallen?

- ❑ sehr gut
- ☒ ganz gut
- ❑ nicht schlecht
- ❑ überhaupt nicht

Wo und mit wem hast du das Buch gelesen?

- ❑ allein, zu Hause
- ☒ in der Schule, mit den Klassenkameraden

Hast du Lust, so ein Abenteuer wie Claudia zu erleben?

- ❑ ja
- ❑ nein

Warum?

....

....

....